HBJ ESTRELLAS DE LA LITERATURA

Abrecaminos

DIARIO DEL ESTUDIANTE

2

Acknowledgments appear on the inside back cover.

Printed in the United States of America

ISBN 0-15-304453-5

5 6 7 8 9 10   030   96 95

HARCOURT BRACE & COMPANY

Orlando   Atlanta   Austin   Boston   San Francisco   Chicago   Dallas   New York
Toronto   London

ÍNDICE

¡Qué linda es mi familia!

¡Qué linda es mi familia,
me apoya y me respeta!
Aunque sea pirata,
aunque sea poeta.

Historia pirata

Une las oraciones con el dibujo que corresponde:

1. —¡Icen la bandera roja!— gritó el pirata.

2. Vio un barco en el horizonte.

3. El bergantín iba a naufragar.

Desarrollo del Vocabulario: Enriquecimiento
Vocabulary Development: Enrichment

4. —¡Eleven anclas!— ordenó
   el capitán.

5. En las borrascas y
   los huracanes cae
   mucha lluvia.

6. Tomo el catalejo y
   oteo el horizonte.

NOMBRE _____

El motín en alta mar

Un pirata muy audaz
trató de cautivar
fauna de la tierra
y llevarla a la mar.

Los animales del aire
hablaron con aúllos;
el gato en su jaula
hizo coro de maúllos.

Toda esa bulla,
que no dejó de aumentar,
atrajo la patrulla
al motín en alta mar.

Susana Chilton

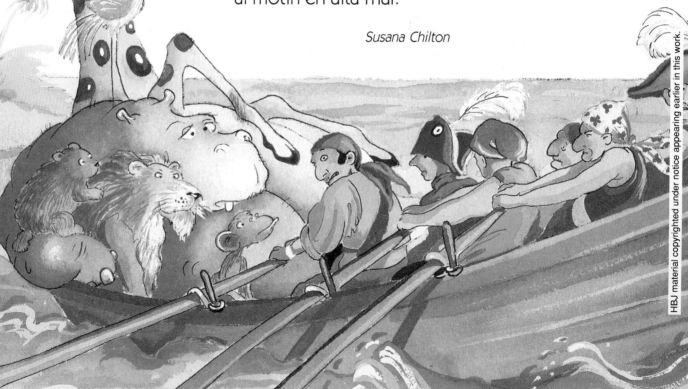

Lenguaje: Repaso de Ortografía
Language: Spelling Review

NOMBRE _____

Busca las palabras con **au** en el poema.

_____

_____

_____

_____

_____

Escribe la palabra con **ai**.

_____

La recompensa

Escribe un aviso.

¡**Recompensa**!

Se busca al pirata _____.

¿Por qué? _____

Descripción _____

Recompensa _____

NOMBRE _____

Sigue los pasos en orden numérico para dibujar tu velero bergantín.

Mamíferos del mar

Susana Chilton

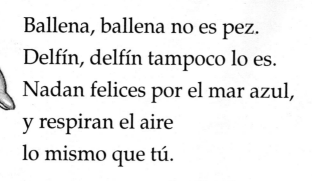

Ballena, ballena no es pez.

Delfín, delfín tampoco lo es.

Nadan felices por el mar azul,

y respiran el aire

lo mismo que tú.

* * *

Escribe el nombre de tu mamífero del mar favorito.

_____

Conexión con el Currículo: Reenseñanza
Curriculum Connection: Enrichment

De casa en casa

Vámonos; de casa en casa
llegaremos donde pacen
los caballitos de agua.
No es cielo. Es tierra dura
con muchos grillos que cantan,
con hierbas que se menean,
con nubes que se levantan,
con hondas que lanzan piedras
y el viento como una espada.
¡Yo quiero ser niño, un niño!

Federico García Lorca

NOMBRE _____

El cangrejo y el mejillón

Ésta es la historia de un famoso cangrejo que vivía en la playa, a orillas del mar. Diariamente entraba y salía del agua. Por supuesto, siempre caminando para atrás.

Tenía por amigo a un viejo mejillón, que cansado de andar por el mundo, después de vivir su juventud en el Caribe, se quedó a vivir en la casa del cangrejo.

El cangrejo era alegre y andariego. Un día trajo una zapatilla vieja que usaba de cama las noches de mucho frío. Pero lo más escandaloso fue el día que trajo el bañador. Inmediatamente se lo puso, pero al empezar a caminar, el bañador se le arrollaba en el caparazón, y se le enredaba en las pinzas delanteras.

Entonces, Don Mejillón sostuvo fuerte el bañador y empujó suavemente a Cangrejo, que por primera vez tuvo que dar unos pasitos para adelante, suficientes para que el bañador quedara detrás, en la arena.

Desarrollo del Vocabulario: Enriquecimiento
Vocabulary Development: Enrichment

Después de leer, contesta las preguntas.

1. ¿Cómo se llaman los personajes de la historia?

    _____

    _____

2. ¿Por qué Don Cangrejo habrá querido ponerse el
    bañador?

    _____

    _____

    _____

Dibuja a Don Mejillón en el Caribe.

NOMBRE _____

La ardilla Avellana

Durante el verano la ardilla Avellana se lo pasó de árbol en árbol, jugando y correteando, en vez de juntar ramitas, llevar piñas, acarrear piedritas de allí para aquí.

La ardilla Avellana pasó el verano de forma bien llevadera, pero cuando llegó el invierno lluvioso, no pudo juntar alimentos, no llenó su alacena. Sólo ve su vajilla y empieza a lloriquear. ¡Ni siquiera bellotas!

Busca en los huecos de los árboles, pero no halla nada... Sus amigos la miran pasar callada y la siguen como una milla, sin hacer bulla. —¡Qué lástima!— dicen. —¡Del hambre se le va a ir el recuerdo tan bello del verano!

Pronto a alguien se le ocurre una idea maravillosa: "¡Invitemos a la ardilla a comer tortilla!"
 Y todos se van corriendo a prepararla.

Después de comer, ven todo un rollo de fotos de Avellana que luce un poco rolliza, pero feliz.

Lenguaje: Repaso de Ortografía
Language: Spelling Review

Después de leer, contesta las preguntas.

1. ¿Quién es el personaje de la historia y cómo se llama?

_____

2. ¿Qué tiene en su alacena?_____

3. ¿Cómo es el invierno?_____

4. ¿Qué hace Avellana cuando no ve llena su alacena?

_____

5. ¿Cómo la ven pasar sus amigos?_____

6. ¿Cómo la siguen? _____

7. ¿Cómo es el recuerdo del verano?_____

8. ¿Qué idea se le ocurre a los amigos?

_____

9. ¿Qué le preparan?_____

10. ¿Cómo luce Avellana en las fotos?

_____

La carrera

El zorro recibe con envidia la noticia de que su primo ha ganado la carrera de los 100 metros y dice:

—No tiene nada de excepcional. ¡Yo soy capaz de correr tan rápido como él!

—Se me ocurre una idea —propone el perro.— ¿Por qué no organizamos una carrera para poner a prueba al zorro?

La idea es aceptada por todos los animales. El mapache anunció que se ocuparía del cronómetro. El búho decidió ser el que dé la señal de largada y la ardilla insistió en controlar la llegada.

—Un momento —interviene el perro—. Es preciso encontrar corredores.

—La tortuga y el zorro serán los corredores.

Escribe las cosas que hacen falta para organizar una carrera.

_____

_____

_____

Más vale

Más vale pájaro en mano que cien volando.

NOMBRE _____

El paso de las golondrinas

Todos los años una bandada de golondrinas cruza muy alto, bosques, lagos y montañas. Recorren largas distancias a gran velocidad. El tiempo también vuela; ellas tienen un plazo para llegar. Nadie las detiene. Quizá una tormenta o un viento fuerte las demore. Vuelan arriba de los árboles saludando al linde de los bosques.

La oropéndola también quiere viajar, pero como es de costumbres solitarias prefiere esperar. Las alondras campesinas se quedan a comer las semillas que perjudican las cosechas. Es su tarea de todos los años. El tordo deja de bucear y el reyezuelo parece vestido de fiesta con su vistoso plumaje. Ambos les cantan una canción primaveral. El mirlo los imita, incluso les dice adiós, porque es capaz de imitar la voz humana.

El canario en su calabozo canta melodiosamente. Él desea, como las golondrinas, alzarse en vuelo maravillosamente.

Desarrollo del Vocabulario: Enriquecimiento
Vocabulary Development: Enrichment

1. Escribe todos los nombres de los pájaros de la lectura.

   golondrinas

   _____   _____

   _____   _____

   _____   _____

2. ¿Cuáles palabras nombran algo que hacen los pájaros?

   _____

3. ¿Cómo se siente el canario en su calabozo?

   _____

   _____

   _____

   _____

   _____

NOMBRE _____

Las abejas

En un campo de claveles quince obreritas vienen y van; buscan canela para su mezcla. Sólo dos abejas descansan en las florecitas, pero enseguida se ponen a trabajar. Tres porteras cuidan la puerta de la colmena. Nueve obreritas juntan el néctar que a la colmena han de llevar. Seis abejitas, muy fuertes ellas, ayudan a otras a descargar. Dentro de la colmena, diez abejitas producen cera y mil cajitas donde la miel van a guardar.

Veinte abejitas se fueron al campo lejos y muy tarde regresarán. Buscan manzanos llenos de flores, transportan polen de flor en flor, para que puedan sus frutos dar.

Una reina, solita sola, dos mil huevos pone cada día. Pronto más abejitas nacerán.

Comprensión: Reenseñanza
Comprehension: Reteach

Escribe una lista de 3 de las actividades que hacen las abejas. Incluye
el número de abejas que participan en cada actividad.

1. _____

2. _____

3. _____

¿Cuántos huevos pone la reina?

_____

Dibuja la casita de la abeja.

Rey del bosque

Hace muchos años, un reyezuelo de plumaje vistoso deseaba ser el rey del bosque porque pensaba que se merecía el trono.

—Sus colores son preciosos es cierto—decía un pajarillo de plumaje rojo y gris.

Pero en el atardecer, cuando el bosque se pone más oscuro y apenas se distinguen los colores, lo que le da belleza a esta soledad, es el aroma de las flores, los sonidos de los árboles mecidos por el viento y el notable canto del ruiseñor.

—¡Elijámoslo entonces a él, rey del bosque y que sea por ley!— trinó un pajarillo pequeño y saltarín.

Y así fue como el ruiseñor es hoy rey.

Hoy su canto es toda una leyenda.

Estructura del Lenguaje: Repaso
Language Structure: Review

NOMBRE _____

1. Busca y escribe las palabras de la lectura que tienen **y**.

_____   _____

_____   _____

_____   _____

2. Escribe una oración con cada una de las palabras.

_____

_____

_____

_____

_____

_____

_____

NOMBRE _____

Bellezas naturales

Los saltos de agua son bellezas naturales formadas por algún río. Atraen a miles de visitantes y se hallan en zonas de parques naturales muy arbolados.

Casi siempre brilla un bello arco iris. Los pájaros que anidan en los árboles rellenan sus niditos en forma de olla, para empollar sus huevos, ajenos al agua que cae limpia y que nunca calla. Los pichones chillan al ver a su madre que les trae insectos y semillas.

NOMBRE _____

1. Busca y subraya palabras con **lle, lla, llo**. Escríbelas aquí.

_____

_____

_____

2. Escribe dos oraciones usando algunas de las palabras de arriba.

_____

_____

_____

Árboles gigantes

Si buscas el árbol más grande del mundo, el más alto, el más maravilloso, seguramente encontrarás, no sólo uno, miles. Se encuentran en el centro de California. En ese mismo lugar está la caída de agua del Río de los Santos Reyes, llamado así por su explorador español que, como los árboles, es la más alta de América del Norte.

Su nombre se debe a que un estudioso de las plantas y también de los idiomas, admiraba a un indio llamado sequo-yah (creador del alfabeto cherokee) que se convirtió en Sequoia.

Muchas especies de estos árboles son muy viejas. Existían en el tiempo de los dinosaurios.

Comprensión: Reenseñanza
Comprehension: Reteach

1. Escribe con tus propias palabras lo que leíste en la página anterior.

_____

_____

_____

_____

_____

_____

2. Consulta con tus compañeros y escribe acerca de alguna otra maravilla de la naturaleza.

_____

_____

_____

_____

_____

_____

NOMBRE _____

El fuego

El bosque es un lugar muy tranquilo y además huele muy bien, porque los diferentes tipos de árboles perfuman el aire. Los rayos del sol atraviesan las ramas y gracias a esa luz, en el suelo crecen las flores. Árboles, plantas y flores forman la flora. Lo habitan muchos animales: conejos, ratones, pájaros y las ardillitas que son como duendes del bosque. Todos ellos forman la fauna.

A veces ocurre un accidente terrible; el bosque se incendia, naturalmente o porque alguna persona dejó una fogata encendida. El viento que sopla ayuda a las llamas a crecer más y más... Entonces el bosque se destruye. Muchas especies raras de árboles se queman y la fauna silvestre se pierde. Esas especies raras de la fauna y de la flora no vuelven a nacer y crecer: se extinguen.

Fauna y flora del bosque, una maravilla que perdemos a manos del fuego.

Comprensión: Reenseñanza
Comprehension: Reteach

1. Escribe qué ocurre cuando el bosque se incendia.

_____

_____

_____

_____

2. ¿Qué podemos hacer para que esto no ocurra?

_____

_____

_____

_____

_____

_____

NOMBRE _____

Los sonidos más bonitos

El canto de los pájaros es uno de los sonidos más bonitos de la naturaleza. Cuando vamos al campo o a algún parque y los sorprendemos en gran conversación, parece que uno le dice algo al otro. Y es cierto que ellos se comunican, como lo hacen otros animales.

Ellos cantan cuando están contentos. A veces alguna mamá emite sonidos cuando ve a sus pichones en peligro, avisándoles que se escondan. Luego los llama para que se reúnan todos juntos. Y cuando viajan durante la noche y alguno se pierde, ellos lo llaman hasta encontrarlo.

A los pájaros nadie les enseña a comunicarse. Es un instinto que viene con ellos. Sin embargo algunos pájaros sí pueden imitar el canto de otros. Todos sabemos como un periquito puede imitar el canto de otros. ¡Y hasta hablar como nosotros!

Conexión con el Currículo: Enriquecimiento
Curriculum Connection: Enrichment

1. Escribe lo que dice algún periquito que tienes o conoces.

_____

_____

_____

_____

2. Dibuja un periquito.

El juego de los oficios

Pueden jugar los niños que quieran. Se forman dos grupos: el primero es "el que ya está" y el segundo "el que va llegando".

El primer grupo pregunta:

El segundo grupo dice:

—¿De dónde vienen?

—De Dallas.

—¿Qué oficio traen?

—El que van a ver.

Los niños del segundo grupo describen con mímica un oficio. El primer grupo intentará adivinar de qué oficio se trata.

Conexión con el Currículo: Enriquecimiento
Curriculum Connection: Enrichment

Recuerdo infantil

Una tarde parda y fría
de invierno, los colegiales
estudian. Monotonía
de lluvia en los cristales.
. . .
Y todo un coro infantil
va cantando la lección:
mil veces ciento, cien mil,
mil veces mil, un millón.

Fragmento

Antonio Machado

Malos sueños

Cuando empieza a oscurecer, los animales se acomodan para dormir toda la noche. El cuervo cuentista lee una historia entretenida que todos escuchan con atención. Llegado el momento, les dice a todos:

—Duerman bien, dulces sueños.

Todos quieren tener lindos sueños porque a la mañana siguiente se despiertan contentos. Pero esa noche algo pasa. ¡Todos tienen malos sueños!

¡El gorila se cae de la rama!

¡Al dragón le sale fuego por la boca y se despierta cuatro veces a tomar agua!

¡El lobo sueña que lo persigue una oveja!

¡El cuervo salta de rama en rama!

¿Qué ha pasado con ellos? ¿Qué ha pasado con sus buenos sueños?

¡Sucede que antes de dormir comieron con el gorila, un montón de bananas!

Comer tanto antes de dormir hace daño. Recuerda la lección: no hagas como el cuervo, el lobo, el gorila y el dragón.

Desarrollo del Vocabulario: Enriquecimiento
Vocabulary Development: Enrichment

1. ¿Cómo se le dice al cuervo que lee historias todas las noches?

_____

2. ¿Qué animales escuchan con atención?

_____

3. Busca en la lectura y escribe la palabra que puedes usar para decir que algo te hace mal.

_____

4. Relata un sueño.

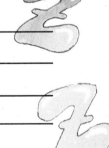

_____

_____

_____

_____

Carta de Luis a Lucía

Odiada Lucía:

Papá y yo estamos pasando unos días muy terribles lejos del lago, en un lugar muy peligroso. Estamos dormidos temprano en la mañana para aprovechar las horas de pesca. Durante el día las malvadas ardillitas dejan que les desocupemos los troncos de los árboles para colgar ropa.

Nuestros vecinos perezosos nos alejan carnada para la pesca; son muy descorteses. Menos mal que ayudaste a hacer una mala provista de alimentos, porque acá hay un negocio vacío de alimentos baratos.

Hoy vamos a caminar por el bosque para volver a ver ese paisaje desconocido.

Como ves, todo para mí es muy aburrido y aprendo poco.

Un beso.

Tu enemigo,

Luis

1. Busca en la lectura las palabras contrarias a las de la siguiente lista.

Querida - buenos - cerca - seguro - despiertos - benévolas - ocupemos - diligentes - acercan - corteses - buena - lleno - caros - conocido - divertido mucho - amigo

2. Escribe de nuevo la carta usando las palabras contrarias.

_____

_____

_____

_____

_____

_____

_____

_____

_____

Una promesa

Los niños hacían preparativos para jugar al fútbol. Sus padres les dijeron que jugaran en un lugar apropiado. Era probable que hubiera problemas si el lugar no fuera seguro.

Con precisión, el primer gol fue a dar a un ventanal. Primero pasó un camión de una empresa con un conductor muy protestón, y luego un motociclista con prisa.

Una señora que pasaba les dijo que corrían peligro. La bola se había precipitado bajo un automóvil y quedó apretada bajo una rueda.

—¡Ahora hay que comprar una pelota nueva!— se lamentaban.

Pronto supieron que un niño no tiene precio y que hay que procurar ser más prudente. ¡Todos hicieron esa promesa! No volver a jugar en la calle.

Lenguaje: Repaso de Ortografía
Language: Spelling Review

NOMBRE _____

1. Busca y escribe 6 palabras de la lectura que se escriben con **pr**.

_____   _____

_____   _____

_____   _____

2. Escribe 4 oraciones usando otras palabras con **pr**.

_____

_____

_____

_____

No hay que ser tramposo

Una tarde tan tranquila que ya era aburrida, una ardilla traviesa y un conejo atropellado, se sentían atraídos por atravesar al trote el centro del bosque, donde sabían con certeza que un cazador se había tomado el trabajo de poner trampas para conejos.

Hicieron el trato de que irían por las ramas. El que llegara primero ganaría un paseo al campo y el que perdiera tendría que juntar bellotas.

El conejo tramposo que no quería llegar atrasado, fue corriendo por el suelo y quedó entrampado. La ardilla fue por los árboles y en su afán de trapecista, escuchó el trino de un pajarito que le avisó del peligro y corrió a ayudar a su amigo embustero a destrabar su patita.

NOMBRE _____

1. Escribe 8 palabras de la lectura que se escriben con **tr**.

_____   _____

_____   _____

_____   _____

_____   _____

2. Dibuja el animal tramposo y el que llegó atrasado.

NOMBRE _____

El pájaro elefante

Vivía en África un pájaro gigante, tan grande como el hombre más alto. La gente que lo había visto contaba historias increíbles y a la vez comenzó a tener miedo.

—Un pájaro no puede crecer tan grande— decían unos.

—No, un elefante no puede volar tan alto— decían otros.

El caso es que la gente hablaba mucho y no todo lo que decía era cierto.

Hoy día damos por cierto que realmente vivió un pájaro muy grande. Es que encontraron huesos y también cáscaras de huevo, en una excavación en una isla cercana a África.

Comprensión: Reenseñanza
Comprehension: Reteach

Probablemente este pájaro inmenso pesaba muchísimo. Nadie sabe cómo este pájaro elefante obtuvo ese nombre. Sabemos que es difícil volar siendo tan pesado, por eso no todas las historias que se cuentan acerca de él son ciertas.

1. ¿Piensas que esta historia puede ser verdadera? ¿Por qué?

_____

_____

2. ¿Existen ahora pájaros tan grandes?

_____

_____

3. Cuenta un cuento fantástico sobre el pájaro elefante.

_____

_____

_____

NOMBRE _____

La casa de los castores

Es una construcción de paredes muy fuertes, hecha de pequeñas ramitas y juncos de la costa, entrelazados y unidos laboriosamente con tela de araña y barro. Son varios los castores que trabajan. Tiene en su interior una habitación muy amplia para toda la familia. En el suelo hay un agujero para entrada y otro para salida. Estos agujeros conectan túneles que tienen las puertas sumergidas bajo el agua. Estos túneles son lo suficientemente grandes como para que los castores entren rápido de a uno, porque si bien está cerca de la costa, a sus enemigos les es imposible entrar. ¡Es un lugar muy seguro!

Comprensión: Reenseñanza
Comprehension: Reteach

1. Escribe cómo es la casa de los castores.

•las paredes _____

•la habitación _____

•los túneles _____

•las puertas _____

El grupo

Un grupo está compuesto por varias personas, grandes o chicas, que actúan unos con otros. Cada miembro del grupo depende de los otros, necesita a los otros.

Todos tenemos un grupo: un grupo de amigos, los compañeros de clase, nuestra familia.

Con nuestro grupo hacemos muchas cosas. Actuamos todos juntos porque tenemos el mismo interés.

Hay grupos que tienen más de un interés. Un grupo familiar, por ejemplo, tiene muchos objetivos: estar contentos, ahorrar dinero, crecer sanos.

A veces el grupo está de acuerdo con lo que quiere hacer, pero a veces no. Tratamos de hacer lo que la mayoría desea, de ayudar al grupo a cumplir con lo que se propuso.

Es bueno estar en un grupo. Juntos aprendemos más y mejor. También nos divertimos más.

A la persona que le gusta estar con otras personas se le dice que es sociable.

Conexión con el Currículo: Enriquecimiento
Curriculum Connection: Enrichment

Cuenta del grupo en el que tú estés: Tu grupo de juegos, de escuela u otro grupo.

Escribe los nombres de cada persona de tu grupo y el interés del grupo.

Luego cuenta qué hace cada persona.

Nombre	Interés

Un pastel
para cuatro

Ingredientes:

-6 huevos

-6 cucharadas de azúcar

-6 cucharadas de harina

-1 cucharadita de polvo
   de hornear

-1 cucharadita de esencia
   de vainilla

-ralladura de limón

1. Separar las yemas de las claras.
2. Batir las yemas con el azúcar y la
    esencia de vainilla.
3. Agregar la harina y el polvo de
    hornear y revolver.
4. Agregar la ralladura de limón y
    las claras batidas a nieve. Revolver.
5. Poner en un molde enmantecado.
6. Pide a una persona mayor que lo
    ponga a hornear a 350° F, durante una hora.

Conexión con el Currículo: Enriquecimiento
Curriculum Connection: Enrichment

Oración al libro

¡Oh, libro, amigo mío,
que ennobleces mi mano;
guíame por la vida,
eres mi buen hermano!

De la vida, el misterio
tú me harás conocer.
De la ignorancia, sálvame.
El saber es poder.

Rubén Darío

Mi armadillo

En mi jardín, papá encontró un armadillo. Es la sorpresa de todos.
El animal mira extrañado su nuevo hogar. Está acostumbrado a vivir
en su casa en la montaña y no puede entender por qué está con
nosotros.

Siempre tiene hambre. El armadillo es un animalito que no tiene
dientes. ¡No me explico cómo hace para comer! Con sus patitas
delanteras hace largos túneles. Allí puede descansar a la hora de la
siesta.

Yo lo miro todos los días. Así descubrí que cuando se asusta, se
resguarda de los peligros enrollándose en su concha.

Yo sé que mi armadillo extraña sus correrías por el valle. Por eso
sentí mucha alegría cuando ví a mi armadillo saltar la cerca del
jardín. Se fue corriendo de regreso a su casa natal.

Comprensión: Reenseñanza
Comprehension: Reteach

NOMBRE _____

Contesta las preguntas sobre la lectura.

¿Cómo se llama el animal más raro del jardín?

_____

¿Dónde viven los armadillos?

_____

¿Por dónde corre el armadillo?

_____

¿Por qué come mucho?

_____

Cuando está cansado, ¿qué hace?

_____

¿Con qué se protege?

_____

Animales grandes y chiquitos

Esta mañana la pata comenzó a picotear suavemente sus huevos. Uno a uno se rompieron los huevitos y aparecieron, uno tras otro, cinco patitos amarillos y suaves.

La alegría de la pata fue tan grande que se puso a dar vueltas y vueltitas alrededor de un viejo nogal. La mamá coneja y su conejita movían sus orejas por tanta alegría. La gata y la perra también vinieron con sus hijitos, dos gatitos grises, una gatita blanca, un perrito negro y una hermosa perrita manchada. Todos estaban felices con la llegada de los patitos.

Estructura del Lenguaje: Repaso
Language Structure: Review

NOMBRE _____

Escribe el nombre de los animales chiquitos.

Pata _____

Perra _____

Gata _____

Coneja _____

¿Cuál de los animales mencionados falta en la ilustración?

Nómbralo y dibújalo con sus hijitos.

NOMBRE _____

El burro y la vaca

El burro estaba bello esa mañana. Después de cortarse los bigotes en la peluquería salió a vagar por la villa. Como era domingo, tenía puesta su bonita chamarra. Pero olvidó ponerse la bufanda.

¡Estaba tan varonil! ¡Tan elegante! ¡Tan feliz platicando con su amiga la vaca y sus vecinas, las ovejas! Se sentaron en las butacas del comedor para saborear buñuelos de miel de abeja.

Por la vereda pasaban unos borregos tocando una gran bocina. El bochinche fue grande pero a los animales les gusta la música. ¡Sobre todo en día domingo!

Lenguaje: Repaso de Ortografía
Language: Spelling Review

Busca una palabra en la lectura con:

ba   _____

be   _____

bi   _____

bo   _____

bu   _____

va   _____

ve   _____

vi   _____

vo   _____

vu   _____

NOMBRE _____

El huerto florecido

El huerto cambia según la época del año. En el invierno parece que muchos árboles se hubieran secado para siempre. El manzanero ni hojas tiene cuando el invierno es muy frío.

Al llegar la primavera, la planta de damasco, el duraznero y el manzanero se llenan de flores. Cada árbol es una nube blanca, o una nube rosa, de flores. Entonces un dulce olor se desprende.

¿Qué pasará cuando llegue el verano?

_____

_____

Conexión con el Currículo: Reenseñanza
Curriculum Connection: Reteach

Leo para aprender

Si leo un cuento de la selva
seguro que puedo conocer
algún animalito
que aprenderé a querer.
Y si es un viejo cuento
de princesas y dragones
seguro que encontraré
palabras a montones.

NOMBRE _____

Los amigos de las golondrinas

Las golondrinas son pájaros que recorren el mundo. Todos los años hacen el mismo recorrido. A veces se cruzan con un jilguero que va y viene del campo a la ciudad, siempre cantando, comiendo granos pequeños y saludando con sus alas a las viajeras. Los canarios, que viven domesticados en jaulas cantan dulces melodías, para saludarlas. Los gorriones, en cambio, redondos y gorditos, comen todos los granos que pueden y saludan con su piquito.

La urraca y el zopilote, que no saben cantar, lanzan sus graznidos. En cambio, el cenzontle, que es un pajarillo que imita todas las melodías, entretiene a las viajeras.

Desarrollo del Vocabulario: Enriquecimiento
Vocabulary Development: Enrichment

Cuenta algo más de los pájaros de la lectura anterior.
Busca información en la biblioteca.

_____

_____

_____

_____

_____

_____

_____

_____

La bandada

Las golondrinas parten de viaje; no le temen al mal tiempo ni a la altura.

Aman a la primavera, buscan el solecito tibio para una buena temporada y así criar a sus pichones hasta que regresen nuevamente de donde partieron.

Las golondrinas no cantan, pero decoran el cielo con su formación proporcionada.

Estructura del Lenguaje: Repaso
Language Structure: Review

NOMBRE _____

Los verbos se dividen en tres categorías. Los que terminan en:

ar, como **amar**, en **er**, como **temer** o en **ir**, como **partir**.

Se llaman **regulares** los verbos que sólo cambian en la terminación **ar**, **er** o **ir**.

Escribe oraciones con los verbos de la lectura.

Yo _____

_____

Tú _____

_____

La abuela

Mi abuela es una viejita guapachosa; guarda muchos recuerdos y vive en un pueblo chico. Mi padre salió un día de ese pueblo para venir a este país. Llevaba al partir una guitarra, su ropa, unos higos de la higuera y muchas ilusiones. Al partir lo saludaron los jilgueros.

Aquí conoció a mi madre y se casaron. Al tiempo nací yo, para jugar, para quererme y enseñarme.

Todos los años vamos al pueblo a visitar a mi abuela. Ella me cuenta cosas de cuando mi papá era chico. Me encanta estar con él, conversando y poniendo la mesa. Mientras mamá guisa, yo escucho su guitarra.

Lenguaje: Repaso de Ortografía
Language: Spelling Review

NOMBRE _____

Escribe una oración para cada dibujo.

guitarra _____

_____

guijarro _____

_____

guiso _____

_____

Dibuja un jilguero en una higuera.

Animales de sangre caliente

Sólo las aves y los mamíferos, entre los que se encuentra el hombre, tienen sangre caliente. Esto quiere decir que la temperatura de su cuerpo se mantiene siempre igual, no importa cual sea la temperatura que los rodea. Esto les da varias ventajas.

Al mantener la temperatura en un mismo valor, las células del cuerpo pueden funcionar mejor. Además, debido a esto, pueden soportar cualquier clima.

Para mantener más o menos la misma temperatura en el verano y el invierno, escribe una lista de la ropa que usamos.

Ropa para el verano	Ropa para el invierno

Conexión con el Currículo: Enriquecimiento
Curriculum Connection: Enrichment

Si quieres llegar

Si quieres llegar
te tienes que esmerar.
Si no puedes ganar
no te debes preocupar.
¡Lo importante es participar!

La exposición

Ayer fuimos a visitar la exposición de pintura organizada por la municipalidad de nuestra ciudad. En el acto de inauguración estaban todas las autoridades: el alcalde con sus secretarios, los concejales y otros más.

Todos los de nuestra escuela asistimos y aplaudimos con entusiasmo porque uno de los ganadores del primer premio es nuestro maestro. Nadie sabía que era tan buen pintor. Fue una linda sorpresa, y estamos orgullosos.

Después de la fiesta, inventamos canciones para celebrar con nuestro maestro.

Comprensión: Reenseñanza
Comprehension: Reteach

1. ¿Conoces tú el edificio de tu municipalidad? ¿Cómo es?

_____

_____

2. ¿Alguna vez fuiste a una exposición de arte?¿Piensas que te gustaría ser artista?

_____

3. Dibuja lo que piensas que pintó el maestro.

_____

_____

_____

¿Cómo se dice?

Más de un autobús se dice autobus**es**

y más de un león se dice leon**es**

porque terminan en consonantes.

Más de un mono se dice mono**s**

y más de un guardia se dice guardia**s**

porque terminan en vocales.

Rodea con un círculo las letras que dicen más de uno.

hipopótamo	parque
hipopótamos	parques
tren	pastel
trenes	pasteles
coche	papel
coches	papeles

Estructura del Lenguaje: Repaso
Language Structure: Review

NOMBRE _____

¿Uno o más de uno?

Uno	Más de uno
Singular	Plural
cisne	cisnes

Escribe en las líneas la palabra apropriada.

Uno   **Más de uno**

animal   _____

niño   _____

poste   _____

Más de uno   **Uno**

cartas   _____

entradas   _____

padres   _____

NOMBRE _____

La función

Luisa y Mario son compañeros de escuela. A los dos les gusta mucho actuar. Asisten a las clases de teatro todos los miércoles. Mañana representarán una obra en el hogar de ancianos de la ciudad. Allí vive el abuelo de Luisa.

—¿Cómo haremos para llegar al hogar?— preguntó Mario a la maestra.

—Viajaremos en autobús y luego iremos unas cuadras a pie— respondió la maestra.

—Dice mi mamá que después de la función habrá una fiesta para todos— agregó Luisa. ¿Creen que también habrá premios?

NOMBRE _____

Busca en la lectura anterior:

Palabras con **ue**	Palabras con **ie**	Palabras con **io**

 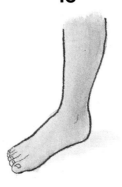 

_____   _____   _____

_____   _____   _____

_____   _____   _____

_____   _____   _____

Palabras con **iu**

Palabras con **ua**

Palabras con **ia**

_____   _____   _____

_____   _____

Trabalenguas

Mi primo Pedro llegó primero.

Por primero lo premiaron.

Si primero primo Pedro no hubiera llegado,

con premio, primo Pedro no hubiera sido premiado.

Tres tristes tigres comen trigo en un trigal.

Tristán se comió una tremenda trucha.

¿Quién lo desentruchará?

El desentruchador que lo desentruche,

tremendo desentruchador será.

Lenguaje: Enriquecimiento
Language: Enrichment

Piensa por qué te gustaría ganar un premio.

1. ¿Qué sabes hacer mejor?
2. ¿En qué concurso podrías participar?
3. ¿Cómo te sentirías si el premio lo ganara otro?

Escribe a un amigo acerca de crear un concurso. Recuerda lo que contestaste arriba.

NOMBRE _____

¿Por dónde?

El caballo corre.

El pececito nada.

La paloma vuela.

El burro anda.

Si pudieras montarte en estos animales, ¿por dónde andarías?

Lenguaje: Enriquecimiento
Language: Enrichment

Une los animales con el lugar por dónde se mueven.

caballito de mar   TIERRA

burro

paloma   AGUA

pez

caballo   AIRE

Un anuncio

Prepara un anuncio para un concurso.

1. ¿A quiénes invitas?
2. El propósito del anuncio.
3. El premio que recibirá el ganador.
4. Fecha en que se cierra el concurso.

_____

_____

_____

_____

_____

Pasteles de dulce

Necesitas:

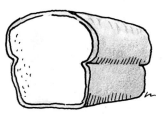
rebanadas de
pan blanco

margarina

mantequilla
de maní

mermelada de
distintas frutas

Quita la corteza de
las rebanadas.
Unta un lado con
margarina.

Úntalo con la
mermelada y la
mantequilla de maní.

Corta el pan por la mitad
y enrolla cada parte.

Prueba hacerlo con
diferentes rellenos.

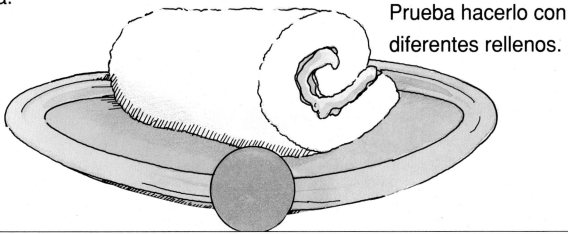

NOMBRE _____

Cuidemos a los elefantes

Cuando Luis y sus amigos fueron al zoológico se enteraron que hay dos clases de elefantes: los de África y los de Asia.

Los de Asia tienen orejas pequeñas y sólo los machos tienen colmillos.

Los elefantes de África tienen orejas grandes y todos tienen colmillos.

También aprendieron que ningún animal ataca a los elefantes porque son muy grandes. Los únicos que los atacan son las personas que quieren quitarles los colmillos que son muy valiosos.

Todos se pusieron de acuerdo que si no se hace algo, pronto no habrá más elefantes.

Conexión con el Currículo: Enriquecimiento
Curriculum Connection: Enrichment

Consulta con tus compañeros.

Lo que yo haría para proteger a los elefantes es:

_____

_____

_____

_____

_____

_____

_____

Adivina, adivinador

En un caminito de hierro
siempre estoy.
Por un caminito de hierro
siempre voy.

No soy pájaro, pero vuelo.
No soy rayo, pero trueno
y llevo gente por el cielo.

Por el agua voy
con viento o con motor.
Siempre que pueda flotar
a ti te podré llevar.

Conexión con el Currículo: Enriquecimiento
Curriculum Connection: Enrichment

HBJ material copyrighted under notice appearing earlier in this work.

Cocuyo, cocuyo

Cocuyo, cocuyo,
quisiera saber
si el amor tuyo
pudiera tener.

NOMBRE _____

De paseo

Dos amigos van en camino del cerro en busca de ricas moras maduras.

¡Qué lindo está el campo! Se oye el zumbido de las abejas que vuelan de flor en flor cargadas de néctar.

—¡Vamos, chico!— dice uno. —¡Vamos porque se hace tarde y tenemos que regresar antes de que salgan los cocuyos!

Pero sin embargo, los niños se entretienen admirando las plantas de muchos colores que crecen en el cerro, algunas llenas de flores y otras de frutos.

Los niños continúan recogiendo las moras mientras a su alrededor los cocuyos comienzan a brillar como estrellas.

Desarrollo del Vocabulario: Enriquecimiento
Vocabulary Development: Enrichment

Escribe tu propio cuento usando algunas de las palabras de la lectura.

Dibuja una ilustración para tu cuento.

NOMBRE _____

Fiesta de cumpleaños

Juan cumple años el próximo sábado.

Carmen, su mamá, le dará una fiesta.

—¿Piensa asistir a la fiesta, don Pedro?

—Mi primo y yo le regalaremos un rompecabezas.

—¿Qué le regalarán sus amigos, Armando y Pepe?

—Mario, Marta y Félix están invitados.

¿Estás invitada, Celia?

—Sí.

84   El cocuyo y la mora

NOMBRE _____

Subraya la palabra que está en lugar del nombre:

Él cumple años el próximo sábado.

Ella le dará una fiesta de cumpleaños.

—¿Piensa usted asistir a la fiesta?

—Nosotros le regalaremos un rompecabezas.

—Ellos están invitados.

—Sí, yo estoy invitada.

A jugar con la z

El gato de Zulma es Zapirón

Tiene unos dientazos para comerse
cualquier pastelón, por eso es un
comilón.

¡Cuánto goza Zulma con Zapirón!

Empezó con un pastelón y terminó
con un buen chapuzón.

¡Zape, Zape, Zape, Zapirón!

Lenguaje: Repaso de Ortografía
Language: Spelling Review

NOMBRE _____

Escoge la palabra correcta y subráyala:

1. El gato   vuela, caza.

2. Zapirón es el gato de   Zulma, Rosa.

3. Zapirón se dio un buen   peinado, chapuzón.

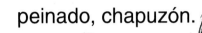

Escribe:

Una palabra con **za**: _____

Una palabra con **zo**: _____

Una palabra con **zu**: _____

NOMBRE _____

La ciudad de los letreros

1. Cuando salude, quítese la gorra

2. Se solicita un barrendero

3. Correo Estatal

4. Cuando salga cierre la puerta

¿En qué lugar crees que podría colocarse este letrero?

¡Silencio! No arrastre las sillas

Escribe tu propio letrero.

_____

_____

_____

_____

Subraya las palabras que tengan **rra** y **rre**:

1. Juan ganó la carrera de relevos.

2. La perra es bien lanuda.

3. Carlos, amarra bien la caja.

4. El caballo corre ligero.

Un caballero

—¿En qué piensas?— pregunta Ruth a Noemí.

—En el cuento que leí— respondió Noemí— el cocuyo llamó a la mora vieja y fea.

—No se portó como un caballero.

—Ni agradeció las atenciones que ella le dio.

—¡Ja, Ja! Qué sorpresa se llevó cuando regresó y la encontró tan linda.

—¡Y qué susto cuando se metió en la candela! —dijo Noemí.

—Eso precisamente es lo que más me gustó del cuento— exclamaron las dos a la vez.

Comprensión: Reenseñanza
Comprehension: Reteach

Si tú fueras la mora, ¿aceptarías hablar con el cocuyo otra vez?
¿Por qué? _____

_____

¿Crees que el cocuyo aprendió la lección?

_____

_____

¿Piensas que ser bonito o bonita es lo más importante?

_____

_____

Reglas de seguridad

Lee con atención las siguientes reglas:

1. No jueges con fuego. Es peligroso.

2. Observa la luz del semáforo antes de cruzar. Solamente debes hacerlo con la luz verde.

3. No camines sobre pisos mojados. Puedes resbalar y caer.

Si conoces otras reglas de seguridad, escríbelas.

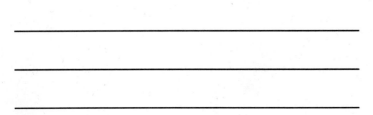

_____

_____

_____

_____

_____

_____

Conexión con el Currículo: Enriquecimiento
Curriculum Connection: Enrichment

NOMBRE _____

1. Dibuja el equipo que se usa para montar en bicicleta.

2. Haz una marca en la señal que consideres apropiada para cruzar.

3. Dibuja un camión de bomberos.

La carta

17 de abril de 1993.

Querida mamá:

Te preparé esta tarjeta de cumpleaños en la clase de estudios sociales. La maestra nos enseñó que ésta es una buena oportunidad para demostrar nuestro amor a alguien.

Te la dedico a ti que eres tan buena. Sé que nos harás un rico pastel de moras. Me ofrezco para ayudarte.

Te quiero mucho,

Ana

Esta flor es tan linda como tú.

Dibuja una tarjeta de cumpleaños y escribe un mensaje.

NOMBRE _____

Nombres

Subraya el nombre que tú conoces o escribe otro.

auto	carro	coche	_____
cocuyo	cucubano	luciérnaga	_____
lumbre	fuego	candela	_____
hierba	zacate	césped	_____
chinchorro	hamaca		_____

¿Conoces otros nombres? Escríbelos.

chichón _____

sorbete _____

Conexión con el Currículo: Enriquecimiento
Curriculum Connection: Enrichment

El saber no ocupa lugar
(popular)

Aprender a saber,
comprender y conocer,
palabras hermosas
que te ayudan a crecer.

El venado y el pajarito

Una tarde, un venado llegó cojeando a las orillas de un río.

Un pájaro que desparramaba agua con sus alas le preguntó:

—¿Qué te pasó en la pata?

Y el venado le contestó: —Escuché un ruido como de trueno

y sentí que algo me desgarraba la pata.

El pajarito le dijo:

—Un cazador te hirió. Te quitaré esas balas de la pata y te curarás.

El pájaro con su hermoso pico, quitó las balas de la pata, y el

venado sintió cómo el dolor desaparecía rápidamente.

En el horizonte una tormenta de relámpagos iluminaba el

atardecer.

El venado y el pajarito se sintieron muy felices.

Lo peor había pasado.

Desarrollo del Vocabulario: Enriquecimiento
Vocabulary Development: Enrichment

1. ¿Qué hizo el pajarito para ayudar al venado?

NOMBRE _____

Atardecer de grillos

Al atardecer, el grillo granjero
toca su música grata en el granero.
Un grupo de agrónomos se alegraron,
y al son de su alegre música cantaron.

Lenguaje: Repaso de Ortografía
Language: Spelling Review

NOMBRE _____

Copia las palabras del poema donde corresponda.

Palabra con
gri

Palabra con
gro

Palabra con
gra

_____

_____

_____

Palabra con
gre

Palabra con
gru

_____

_____

¿Cuántas otras palabras con **gr** conoces? Escríbelas.

_____

NOMBRE _____

El tigre

El tigre presumido creía
que mucha fuerza tenía
y a todos se lo decía.

Cada animal del bosque
a esconderse corría
cuando el presumido tigre
de pronto se aparecía.

Un día del cielo
un rayo cayó y lo asustó
y con nueva humildad
el tigre caminó,
y nunca más
sobre sus fuerzas
presumió.

Comprensión: Reenseñanza
Comprehension: Reteach

1. ¿Cómo crees que son los tigres?

   _____

2. El tigre decía que tenía fuerza porque era _____ .

   El rayo _____ y lo _____ .

   El tigre nunca más habló de su _____ .

3. ¿Cómo imaginas a una persona fuerte y
   humilde? Escríbelo.

   _____

   _____

   _____

   _____

La tormenta

Con truenos y rayos
la tormenta llegó,
soplando con fuerza
muchas nubes corrió.
Después de un ratito,
el sol muy alegre se asomó.

VAMOS A CONTESTAR

1. ¿Cómo está el cielo antes de una tormenta?

_____

2. ¿Qué pasa cuando la tormenta comienza?

_____

3. ¿Qué observamos cuando la tormenta termina?

_____

Conexión con el Currículo: Enriquecimiento
Curriculum Connection: Enrichment

Una adivinanza

Guardo secretos,
en mi corazón.
Por fuera de piedra,
por dentro, ¿quién soy?

La falda de Luisa

Luisa cosía botones sentada bajo un árbol que se erguía en el jardin. Su amiguito pregunta:

—¿Por qué ese trozo de tela tiene pliegues?

—Porque es una falda para ir a pasear —contesta Luisa, mostrándosela.

Los botones se deslizan por su falda.

—¡Se desperdigaron por los recovecos entre las piedras! —dice Juan.

—Tendremos que socavar las piedras para poder encontrarlos —responde Luisa.

—¡Sí, sí! —ayuda Juan.

—Y los guardaré para que no se pierdan —dice Luisa.

Desarrollo del Vocabulario: Enriquecimiento
Vocabulary Development: Enrichment

Dibuja una falda con muchos pliegues.

Dibuja muchos botones desperdigados por el suelo.

Luisa está cosiendo botones en su falda y...

_____

_____

_____

NOMBRE _____

Palabras que dicen lo contrario

1. Une los dibujos que dicen lo contrario.

2. Escribe la palabra debajo de cada uno.

hizo	deshizo	ordenó	desordenó
conocía	desconocía	cubrió	descubrió

_____

_____

_____

_____

_____

_____

Lenguaje: Repaso
Language: Review

NOMBRE _____

Dibuja lo contrario de: **cubrir.**

Escribe pares de palabras opuestas.

_____   _____

_____   _____

_____   _____

_____   _____

_____   _____

_____   _____

_____   _____

Pedacitos de queso

Rosa salía de su casa
y en su mano llevaba una taza.
Por la calle caminaba
cuando a Quique se encontró.
—¿Qué llevas en la taza?
—muy curioso preguntó.
Pedacitos de queso
para una rica comida
—Rosa le contestó.

Lenguaje: Repaso de Ortografía
Language: Spelling Review

Copia las palabras del poema donde correspondan.

Palabras con:

ca _____

que _____

qui _____

co _____

cu _____

Su primer vuelo

Para su primer vuelo
Violeta se puso un vestido nuevo
y una vincha color caramelo.

De pronto por la ventana
un volcán descubrió.
Y tan nerviosa se puso
que diez vasos de agua bebió.

Lenguaje: Repaso de Ortografía
Language: Spelling Review

NOMBRE _____

Escribe la palabra que corresponde debajo de cada dibujo.

_____   _____   _____

Escribe oraciones usando las palabras de arriba.

_____

_____

_____

NOMBRE _____

Marina buscando su roca

Un día Marina
pasmada se quedó,
al bosque fue,
y su roca no encontró.

¿Qué pasó con mi amiga?
¿Qué secretos se llevó?
¿Es que se ha ido, o
tal vez se escondió?

Un camino muy largo
Marina recorrió,
pero un día muy feliz
a la roca encontró.

Y su hermoso secreto
al fin descubrió.

Comprensión: Reenseñanza
Comprehension: Reteach

NOMBRE _____

¿Cómo se siente Marina? Contesta las siguientes preguntas usando las respuestas en las rocas.

pasmada

feliz

como en casa

1. ¿Cómo se quedó Marina sin la roca?   _____

2. El calor de los animales la hizo sentir _____ .

3. ¿Cómo se sintió cuando descubrió el secreto?

_____

4. Dibuja cómo sería el bosque donde Marina durmió.

Marina quiere saber

Marina quiere saber sobre las rocas y en un libro encuentra este dibujo:

Tierra seca

Arcilla

Tierra húmeda
Arena

Piedritas

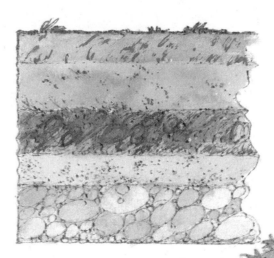

    Marina decide hacer un experimento. Busca un recipiente transparente, que tenga la boca muy grande. En el fondo lo llena de piedritas, como si fuera un piso, y sobre las piedritas, arena. Luego la tierra húmeda. Sobre la tierra húmeda, arcilla, que es como la tierra húmeda, pero más amarilla. Por último, pone una capa de tierra seca.

    Su experimento quedó más o menos así:

Así Marina pudo descubrir algunos secretos más sobre rocas y también sobre la tierra.

Tierra seca
Arcilla
Tierra húmeda
Arena
Piedritas

Conexión con el Currículo: Enriquecimiento
Curriculum Connection: Enrichment

¿Te gustaría hacer un experimento? Escribe qué sería
y cómo lo harías.

_____

_____

_____

_____

Escribe cómo Marina hizo su experimento en tus propias palabras.

_____

_____

_____

_____

_____

NOMBRE _____

Recordemos la historia

¿Sabías que los primeros hombres que vivieron sobre este planeta usaron las rocas para hacer muchas cosas?

Dibuja otras cosas que se han hecho con las rocas.

Conexión con el Currículo: Enriquecimiento
Curriculum Connection: Enrichment

NOMBRE _____

Un collar cavernícola

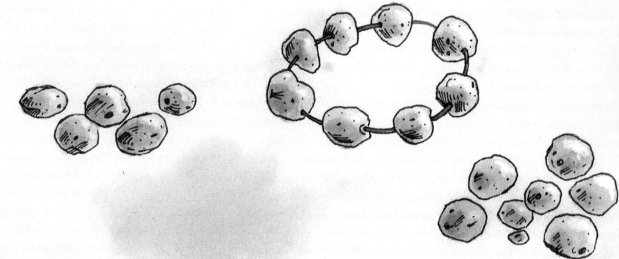

Para hacer un collar cavernícola:

1. Usa arcilla o papel maché para crear piedras de fantasía pequeñas.

2. Usa un palillo de dientes o un palito cualquiera para hacer un hueco pequeño en el medio de cada piedrita.

3. Pasa un hilo por las piedras.

4. Cuando se sequen, muestra tu collar cavernícola de fantasía.

NOMBRE _____

Nombres diferentes

¡Cuántos nombres para las mismas cosas!

1. Rodea con un círculo el nombre que tú conoces.

2. Escribe la palabra que conoces.

huevo
blanquillo

ruta
carretera

_____

_____

vacas
reses

pasto
grama
zacate

_____

_____

Conexión con el Currículo: Enriquecimiento
Curriculum Connection: Enrichment

Los elefantes

—Que no. —Sí, madre, que sí.
Que yo los vi.
Cuatro elefantes
a la sombra de una palma;
los elefantes, gigantes.

—Fue sólo un sueño, hijo mío.

—Que no, que estaban allí,
yo los vi,
los elefantes.
Ya no están y estaban antes.

Fragmento

Gerardo Diego

NOMBRE _____

Antes del invierno

El viento arranca las hojitas débiles de los árboles. Las más fuertes no tardarán en caer. Ya el sol no calienta tanto. Previniendo lluvia, las hormigas arrastran provisiones a su nido. El otoño ha comenzado.

En un hueco del árbol se acurrucan las ardillas para resguardarse del viento. Una ardilla chiquita corre con una nuez, contenta de colaborar en guardar para el invierno que se acerca.

El viento empuja al escarabajo forzándolo a que camine rápidamente. Él se ruboriza al pasar frente a las lombrices que disimulan una risita.

Para la primavera ya no habrá viento frío y nadie que se burle del paso apurado del escarabajo.

Desarrollo del Vocabulario: Enriquecimiento
Vocabulary Development: Enrichment

1. Escribe las estaciones del año que encuentres en la página anterior.

_____

2. ¿Qué empuja el viento?

_____

3. ¿Qué juntan las ardillas?

_____

4. Dibuja a alguien que se ruboriza.

NOMBRE _____

Jacinto

Jacinto es un personaje jovial y jocoso. Le encanta montar a caballo; es muy buen jinete.

Siempre invita a alguien a sentarse bajo el jacarandá, mientras come jamón, tira mijo a los pájaros y escribe en una hoja sus experiencias de viaje.

No es un hombre de lujo, pero suele ir a conocer otros parajes. Le gusta mirar el paisaje del campo mojado después de la lluvia. Es entonces cuando trae recuerdos y luego los deja en una caja.

Tiene fotos de Jamaica, de jirafas y de otras cosas que vio en sus viajes. Guarda todo como una joya. Julio, su amigo, se queja porque ni siquiera le trae jabón, pero igual lo recibe con júbilo. Jacinto es muy buen amigo y no le gusta el jaleo de ningún tipo.

Lenguaje: Repaso de Ortografía
Language: Spelling Review

NOMBRE _____

Escribe en cada jabón:

palabras con **ja**

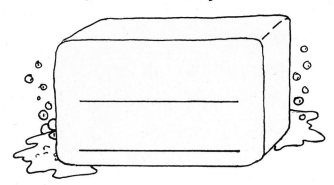

palabras con **je**

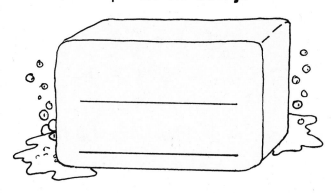

palabras con **ji**

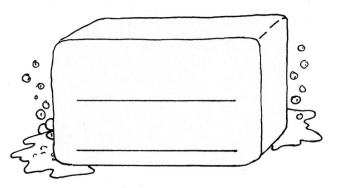

palabras con **jo**

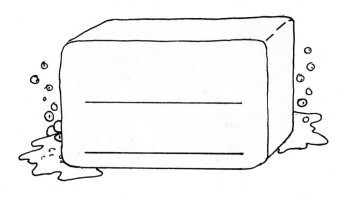

palabras con **ju**

Mi papá

A mí me encanta hablar con mi papá porque tiene muy buen humor, es humilde y honesto.

Tiene horarios muy raros, pero siempre se toma una hora para estar conmigo. También es hacendoso, le gusta trabajar con madera, y me ha hecho una hamaca. La hemos puesto colgada de la higuera, y él la protegió para no causarle ninguna herida a la rama.

Cuando tengo hipo, me cuenta historias de humor para que me ría mucho y mi estómago deje de dar vueltas. Los fines de semana lo ayudo a juntar hojas. De él aprendí que no debemos quemarlas y hacer hogueras, porque el humo ensucia el aire. Lo que hacemos es ponerlas en una bolsa y atarlas con un hilo.

Lenguaje: Repaso de Ortografía
Language: Spelling Review

Escribe

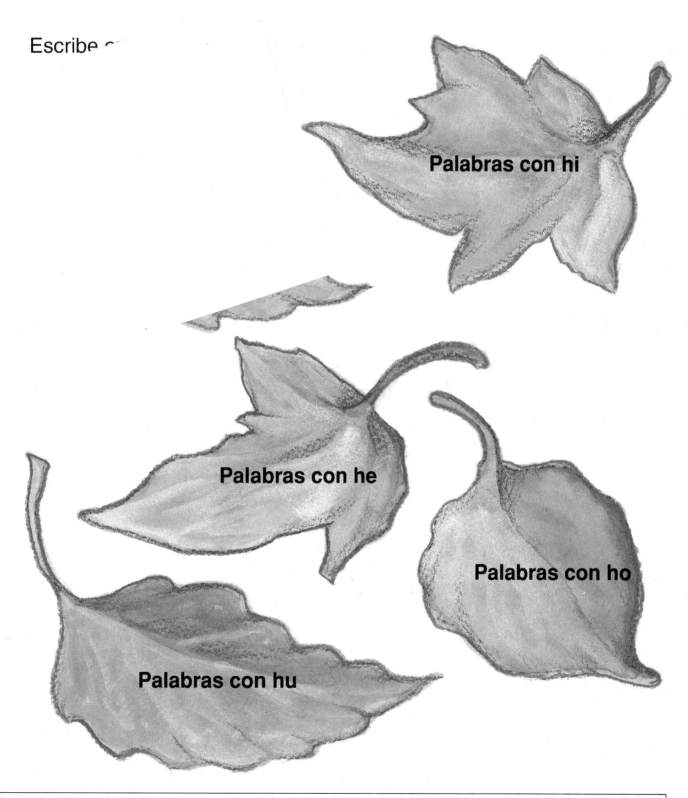

Palabras con hi

Palabras con he

Palabras con ho

Palabras con hu

Lombrices de tierra

¿Sabías que hay cerca de veinte tipos diferentes de lombrices de tierra? ¿Sabías que las lombrices son muy importantes para mantener la fertilidad de la tierra de los jardines?

Las lombrices hacen túneles y eso permite que el aire llegue abajo de la superficie de la tierra. Al moverse arrastran pedazos de hojas y pequeñas semillas de la superficie a sus túneles y madrigueras.

Se alimentan de los restos de plantas que están mezclados con la tierra. Como no los pueden separar, tragan los restos y la tierra. Así estos restos se transforman en sustancias que enriquecen la tierra.

Cuida tu jardín y recuerda que las lombrices son tus colaboradoras.

Conexión con el Currículo: Enriquecimiento
Curriculum Connection: Enrichment

Sálvese el que pueda

Sálvese el que pueda
si no huele a primavera.

En el espacio

Perdidos en el espacio
se miraban con temor.
Sus caritas asustadas,
sus ojitos con dolor.

—¡Surca más rápido
nave espacial!— gritan todos.
—Queremos llegar muy pronto
a nuestro añorado hogar,
a nuestra bella madriguera
donde abrazaremos a mamá.

Enriqueta Daddazio

Desarrollo del Vocabulario: Enriquecimiento
Vocabulary Development: Enrichment

NOMBRE _____

Escribe la palabra que corresponda al dibujo.

1. _____   2. _____   3. _____

4. _____   5. _____

Resuelve este crucigrama usando las palabras que escribiste debajo de los dibujos.

La arañita triste

La arañita, la arañita,

ya no se le ve tejer.

¿Por qué no teje?

¿Por qué no come?

¡Porque no quiere coser!

Canta la canción a tu compañero con la música de "La cucaracha".

Luego traza una raya debajo de las frases negativas.

Usa los animalitos de los dibujos para escribir la letra de una canción. Usa el modelo de "La arañita triste."

La ballena

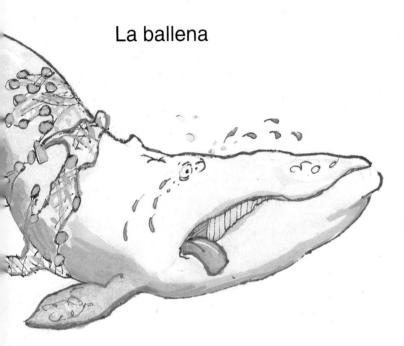

El ratoncito

Bingo de los animales

Selecciona una de las tarjetas para jugar. Tapa el cuadro de la frase que corresponda al animal que diga la maestra o el líder del juego. Si llenas tres cuadros horizontalmente, ganas el juego y debes gritar:

¡Huele a primavera!

Frases para el Bingo I

1. cantan	2. salen de sus madrigueras	3. se comen a los gusanos
4. tienen cuatro pares de patas	5. persiguen a los gatos	6. se acercan a la orilla

Estructura del Lenguaje: Repaso
Language Structure: Review

Frases para el Bingo II.

1. tejen

2. se comen a las gallinas

3. se acercan a la orilla

4. cantan

5. se comen a los gusanos

6. ladran

Frases para el Bingo III.

1. se comen a los gusanos

2. tejen

3. se acercan a la orilla

4. salen de sus madrigueras

5. tienen escamas

6. persiguen a los gatos

Frases para el Bingo IV.

1. se comen a los gusanos

2. cantan

3. mamífero marino

4. se comen a las gallinas

5. tejen

6. persiguen a los gatos

Más adivinanzas

Escribe las respuestas de las adivinanzas y haz un círculo alrededor de las palabras con **ñ, t** o **ll**.

¡Teje, amiguita, teje!
y no dejes de tejer.
Si no tejes rapidito
nunca podrás comer.

Respuesta: 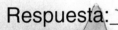_____

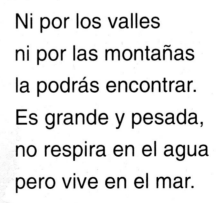

Ni por los valles
ni por las montañas
la podrás encontrar.
Es grande y pesada,
no respira en el agua
pero vive en el mar.

Respuesta:_____

Lenguaje: Repaso de Ortografía
Language: Spelling Review

NOMBRE _____

Agrupa las palabras de las adivinanzas con los sonidos **ñ** + vocal,
t + vocal y **ll** + vocal.

ñ + vocal	**t** + vocal	**ll** + vocal

NOMBRE _____

Crucigrama

Completa las oraciones con palabras que tengan los sonidos ñ + vocal, t + vocal y ll + vocal.

Horizontales: temor - orilla - ternura - tan - ballena

1. La _____ vive en el mar.

2. Los animales se miraban con _____.

3. Las ballenas se acercaban a las focas en la _____.

4. La mamá los miraba con _____.

5. Los animales estaban _____ tristes.

Verticales: llevará - añorada - montaña

1. La ballena no vive en la _____.

2. La nave los _____ a otro planeta.

3. Muy tristes recuerdan a su _____ madriguera.

Lenguaje: Repaso de Ortografía
Language: Spelling Review

Usa las palabras de la página anterior para hacer este crucigrama.

¿Qué ha pasado?

¿Por qué el cielo que era azul
se ha convertido en gris oscuro?
¿Por qué en el mar aparecen
muchos peces moribundos?

¿Dónde está el aroma suave
de la linda primavera?
—¿Sabes tú si aún vivimos
en nuestro planeta Tierra?

Enriqueta Daddazio

Comprensión: Reenseñanza
Comprehension: Reteach

Contesta las siguientes preguntas:

1.¿Qué le ha pasado al cielo?

_____

_____

2.¿Por qué se mueren los peces?

_____

_____

_____

_____

Animales tristes

Describe oralmente y luego escribe explicando lo que pudo haberle ocurrido a este animal.

_____

_____

_____

_____

_____

Comprensión: Reenseñanza
Comprehension: Reteach

Viaje al espacio

Escribe sobre cómo crees que son los animales en otros planetas.

_____

_____

_____

_____

_____

_____

_____

_____

Tarjeta de bienvenida

Escribe y dibuja una tarjeta de bienvenida para los animales.

_____

_____

_____

_____

Conexión con el Currículo: Reenseñanza
Curriculum Connection: Enrichment

Yo no puedo olvidar nunca

Yo no puedo olvidar nunca
La mañanita de otoño
En que le salió un retoño
A la pobre rama trunca.

José Martí

Demos las gracias

A usted Señor Roble, fuerte y noble,

a usted viejo abuelo Olmo de barbas vegetales,

y a todos los demás árboles

que juntos forman un follaje.

¡Gracias!

Por la valiosa frescura de sus verdes hojas,

que limpian el aire,

por hacer de su ramas

la casa de pájaros y animales

que cantan o buscan del viento

o de los vendavales resguardarse.

Gracias por dejar que las arañitas

borden puntillas entre sus ramales.

Patricia Lara

Desarrollo del Vocabulario: Enriquecimiento
Vocabulary Development: Enrichment

NOMBRE _____

Escribe los nombres de los dos árboles de la lectura anterior.

_____   _____

Busca las palabras de la lectura que se escriben con letra V.

```
O  M  A  V  O  M  E  L  O  V
V  E  G  E  T  A  L  E  S  A
B  C  D  R  H  E  K  A  A  L
M  R  S  D  U  V  L  M  V  I
P  O  N  E  P  Q  R  S  I  O
V  E  N  D  A  V  A  L  E  S
S  O  P  Q  R  S  E  X  N  A
X  E  W  U  V  T  O  M  T  O
N  S  R  M  V  I  E  J  O  N
```

Los frutales

Paquito quiso plantar un árbol frutal;
pensó en un manzano o quizás un naranjo.

No fue difícil decidir cuando en el jardín
no hay más que un quino de frutos muy secos.

Al fin eligió y plantó...los dos. Bajo ellos,
en el verano, no quema tanto el sol; sirven de
quitasol. Quedan lindos junto al quino.

Los árboles, generosos, dejan que les quiten
sus frutos . Paquito hace un quiosco de
naranjas y todos sus amigos disfrutan tomando
jugo.

En el invierno cuida de no quebrar las ramas,
hasta que en la primavera, bajo el florido
manzano, comienza a tocar la quena.

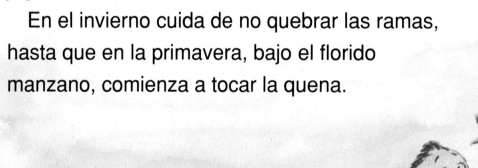

Lenguaje: Repaso de Ortografía
Language: Spelling Review

Lee el significado y escribe lo que es según la lectura.

1. Especie de paraguas para resguardarse del sol.

_____

2. Instrumento musical indio parecido a la flauta.

_____

3. Lugar donde se venden periódicos, flores o frutas.

_____

4. Clase de árbol.

_____

Los viajeros

Un viejo carpintero decidió partir de viaje un viernes sin viento.

Agarró su atadito y su vianda. —¿Vienes?— le dijo a su mejor amigo, y como él lo acompañaba, se dirigió al valle y a la montaña.

Los viajeros querían recoger madera de los árboles del monte para hacer instrumentos musicales.

Toda una familia con sus manos tallarían: violín, viola, violón, violonchelo y contrabajo y sus sonidos a oídos de mil niños llegarían.

Y los árboles, al ver que sólo un tronco grande se llevaban, lloraban felices lágrimas de savia.

Lenguaje: Repaso de Ortografía
Language: Spelling Review

NOMBRE _____

1. Escribe unos nombres de la familia de los instrumentos de cuerda.

_____

_____

_____

2. Busca en la lectura y escribe las palabras con v.

_____ _____

_____ _____

_____ _____

_____ _____

_____ _____

_____ _____

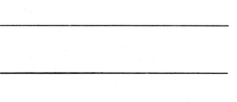

Después de Navidad

¿Qué pasa con los arbolitos de Navidad después de las fiestas?
Mucha gente, creyendo que son basura, los tira. Para no tener que
tirarlos, hay gente que tiene mejores ideas. Lo primero que hacen es
comprar un arbolito con raíces y después de las fiestas lo regalan para
que sea sembrado en un sitio fijo, o ellos mismos los replantan
alrededor de la ciudad.

Todos ellos se sienten felices porque disfrutaron de una hermosa
Navidad y en poco tiempo la ciudad entera gozará de belleza, de
frescura y de aire limpio.

Comprensión: Reenseñanza
Comprehension: Reteach

NOMBRE _____

1. ¿Qué hace mucha gente después de Navidad?

_____

2. ¿Qué significa regalar los árboles?

_____

3. ¿Qué hace la gente que quiere volver a usar los árboles?

_____

4. ¿Por qué la ciudad volverá a gozar de belleza, de frescura y de aire limpio?

_____

El tesoro más grande de la tierra

Las selvas están siendo destruidas, los árboles se derriban, todo arde en llamas, y los pobres animales huyen hacia el agua. ¿Por qué, si la mitad de los animales y de las plantas viven en la selva?

Esta triste historia comienza cuando los que venden madera quieren abrir caminos para poder cortar miles de árboles. Luego llega más gente a ocupar tierras e incendia lo que queda para poder sembrar maíz. Al poco tiempo las cosechas son malas y entonces la gente vuelve a cortar, con machete, árboles pequeños y plantas. Van ganando espacio pero van perdiendo el tesoro más precioso de la tierra: el árbol.

Comprensión: Reenseñanza
Comprehension: Reteach

Escribe lo que tú piensas acerca de la destrucción de la selva.

_____

_____

_____

_____

_____

_____

_____

_____

El último bosque

El incendio no dejó nada,
no se veía en ese bosque
la primavera de la vida.
La lluvia dejó caer sus perlas
sobre la tierra seca.
A lo lejos se escuchaba
un hilo de agua.

Un tucán que solo estaba
levantó las alas
y se fue volando a lo alto,
de rama en rama.

La raya verde de una culebra
cruzó despacio, camino al agua
y una palomita se levantó en vuelo
mostrándole al cielo
la espuma de su pecho.

Mita Bulnes

Comprensión: Reenseñanza
Comprehension: Reteach

Escribe usando tus propias palabras lo que pasó en el bosque.

_____

_____

_____

_____

_____

_____

_____

NOMBRE _____

¿Qué es un árbol?

Es un ser viviente que pertenece al reino vegetal y que no puede mudarse de un lugar a otro cuando él quiere, solamente si la semilla se la lleva el viento, el agua o un pájaro.

Aunque trabaja mucho para nutrirse y crecer, lleva una vida tranquila. Gracias a sus raíces obtiene agua y minerales del suelo. También respira aire. Crece en alto y también en ancho, año tras año.

Sus hojas son muy importantes porque tienen una sustancia llamada clorofila y porque a través de ellas el árbol respira. Y cuando respira...
   ¡Ay, qué maravilla!
   ¡Purifica el aire!

Conexión con el Currículo: Enriquecimiento
Curriculum Connection: Enrichment

NOMBRE _____

Dibuja un gran árbol junto con quienes viven en él.

¿Cómo las llamas tú?

Violón

Contrabajo

_____

_____

Vendaval

Ventarrón

_____

_____

Quitasol

Parasol

Sombrilla

_____

Conexión con el Currículo: Enriquecimiento
Curriculum Connection: Enrichment